RÉPONSE

A LA CONSULTATION

PUBLIÉE PAR LES PÉTITIONNAIRES,

SUR

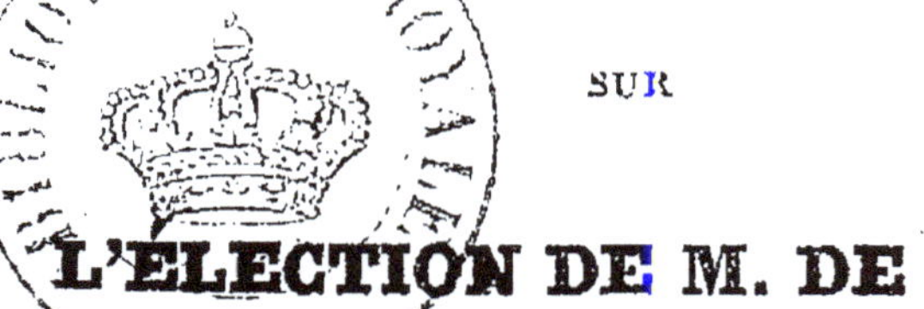

L'ÉLECTION DE M. DE BULLY,

Député du département du Nord.

RÉFLEXIONS

LA CONSULTATION

PUBLIÉE PAR LES PÉTITIONNAIRES.

—

Trois questions principales s'agitent en ce moment devant la chambre élective :

1° Une question de droit public.
2° Une question de propriété.
3° Une question de possession.

C'est dans ce cercle que vont se renfermer les
réflexions suscitées par la consultation que les pétitionnaires ont si tardivement publiée.

PARAGRAPHE PREMIER.

Question de droit public.

La vérification des pouvoirs doit se consommer
dans les formes déterminées par un règlement
contemporain de la Charte constitutionnelle (25

juin 1814); là se trouvent les garanties les plus rassurantes.

Hors de là, l'arbitraire, le danger des plus affligeantes contradictions, l'influence des passions politiques devenue souveraine, l'instabilité dans l'une des bases de l'ordre social, un principe d'incompétence pour la chambre, et de mort pour la législation, un germe de discordes et d'agitations pour l'avenir.

Ces vérités ont frappé M. Odillon-Barrot, et voici comment ce jurisconsulte s'exprime : *La juridiction de la chambre est et doit être rigoureusement restreinte ; elle n'a rien de commun avec la juridiction ordinaire des tribunaux ; les voies de requête civile, d'opposition ou de révision ne pourraient être admises par l'effet d'une analogie qui n'existe pas. L'élu, avant que ses pouvoirs soient vérifiés, est justiciable de la chambre ; quand cette vérification est faite il est député, et il est, quant à son caractère de député, l'égal de tous les collègues réunis ; il n'est plus, quant à ce, justiciable de personne.* M. Odilon-Barrot ajoute : *Ce principe paraît d'une si haute importance qu'il doit être maintenu, alors même qu'il y aurait évidence que la religion de la chambre aurait été surprise.*

Il est donc permis à M. de Bully d'ajouter, sur cette question du moins, le nom de M. Odilon-Barrot à celui de ses conseils.

M. de Bully ne peut-il donc pas revendiquer

encore, toujours sur cette question, les noms de MM. Berville, Dalloz, Edmond Blanc, Persil, Lassis, et A. Taillandier ? Ces jurisconsultes ont déclaré qu'ils ne voulaient rien préjuger sur la question de droit public, dont l'examen appartient à la chambre ; et par cela même, ils ont suffisamment fait comprendre quelle est leur opinion véritable ; on sait assez ce que pense l'avocat qui s'en rapporte à justice.

Que les pétitionnaires conservent cependant MM. Isambert, Berryer père, Bourguignon, Jos. Mérilhou, Coffinières et Chaix d'Estange dont il faut d'abord analyser l'argumentation.

Ces jurisconsultes soutiennent qu'il y a, dans l'espèce, des pièces nouvelles rapportées et que la chambre ne connaissait pas en 1828 ; ils prétendent qu'au mois d'avril, et lorsque futdébattue la première pétition, l'admission de M. de Bully ne fut présentée par personne comme un obstacle au renvoi devant M. le garde des sceaux, et comme ces avocats n'ont pas l'espérance que la chambre se rétracte ainsi, précipitamment, et à la voix des pétitionnaires, ils demandent un nouvel examen des faits et des actes respectivement invoqués. Hâtons-nous de répondre.

La requête civile est une institution de droit positif ; les causes qui peuvent donner ouverture à ce moyen de rétractation sont déterminées par un texte formel, et dans les expressions duquel il faut se renfermer. Ainsi, par exemple, il ne suffit pas que des pièces décisives aient été recouvrées, il faut encore que ces pièces aient été retenues par le fait de la partie. Or, nous ne saurions le demander avec trop d'insistance, par quelle loi les principes contenus au titre II, livre 4 du Code de procédure civile, ont-ils été appliqués à la chambre élective ?

L'élu qui trouve une présomption d'éligibilité dans sa nomination même ; l'élu dont les pièces ont été vérifiées sur le tapis vert et soumises, dans le sein de la chambre, à une sévère épreuve ; l'élu sorti vainqueur de ce double examen, aura-t-il donc à recommencer la lutte toutes les fois qu'un pétitionnaire aura prononcé le nom de *pièces nouvelles ?* Quelles pièces? de qui émanées ? Quel degré d'influence la pièce aurait-elle pu légitimement exercer sur la décision portée par la chambre? Qui responsable des erreurs, des irrégularités de ces pièces tardivement présentées ? De qui ces irrégularités seront-elles l'ouvrage ? Quel terme possible aux contestations, et, dans cette hypothèse, quel député pourra se livrer avec sécurité à l'accomplissement de son mandat ?

Il existerait donc des pièces nouvelles, et les consultations n'en citent point, que la chambre devrait *encore* appliquer aux pétitionnaires la réponse qu'elle a faite à M. de Chardonnel. (*Voir* page 32 de la Consultation délibérée pour M. de Bully.)

Si les jurisconsultes que nous combattons avaient lu, avec plus d'attention, le *Moniteur* du 21 avril, ils auraient reconnu que la décision portée au moment de la vérification des pouvoirs était signalée comme un obstacle au renvoi de la pétition, et que, pour éluder cette objection, les partisans du renvoi s'empressaient de reconnaître dans la personne de M. de Bully un titre et des droits ineffaçables.

« *Ceux qui voudraient emporter l'ordre du* » *jour*, disait M. Dupin l'aîné, *objectent la chose* » *jugée*, et plus loin : *Venons-nous pour nous éle-* » *ver contre la chose jugée? Vous propose-t-on de* » *décider par assis et levé* ou *par scrutin que* » *M. de Bully n'est pas député, ou qu'il doit être* » *exclu de cette chambre? nullement.* »

Les conseils que nous réfutons ont donc vu dans le *Moniteur* du 21 avril précisément le contraire de ce qui s'y trouve.

Que dire du projet d'une nouvelle instruction? c'est du droit de juger que naît la possibilité d'instruire. La chambre, dont les pouvoirs sont à cet égard consommés, reconnaîtra dans cette insidieuse proposition la supposition du droit de révision ou de rétractation, c'est-à-dire la question résolue par la question même.

Il est difficile, au premier aperçu, depénétrer dans la pensée de M. Dupin jeune. Ce jurisconsulte dédéclare adhérer aux solutions que présentent les consultations qui précèdent ; et comme sur la question de droit public, ces consultations renferment des opinions diamétralement opposées, le lecteur se trouve d'abord dans une hésitation que M. Dupin dissipe bientôt en reproduisant, pour se les approprier, les objections qui viennent d'être réfutées.

En résumé, et sur ce premier point, s'il ne nous est pas permis de prononcer entre les signataires des consultations obtenues par les pétitionnaires, nous pensons du moins que les raisons peuvent être pesées, et que rien dans ces consultations ne contrebalance cette parole de Mᵉ Odillon-Barrot : *l'élu est justiciable de la chambre : le député, quant à son caractère politique, n'est justiciable de personne.*

§ II.

Question de propriété.

Depuis les déclarations de 1820 et 1822, la co-propriété de M. de Bully se trouve établie relativement du moins à madame Roger, signataire de ces déclarations, vérité que, dans la consultation délibérée pour M. de Bully, on a rendue sensible par une hypothèse. Si le lendemain du jour, a-t-on dit, où les déclarations ont été signées, madame Roger avait prétendu faire usage, par voie de délégation, des contributions dont se trouve grevé le droit indivis de son frère, le délégataire eût été repoussé, et les électeurs lui auraient opposé avec succès les déclarations qu'il n'aurait eu aucun moyen de récuser.

Que répondent les jurisconsultes auxquels les pétitionnaires ont eu recours? Ils disent (page 6) qu'il aurait fallu que les déclarations de 1820 et de 1822 fussent émanées, non pas seulement de madame veuve Roger, mais aussi de l'héritier de son mari, qu'elle dépouillait d'un droit immobilier.

Quoi! madame Roger, propriétaire pour cinq huitièmes, ne pouvait pas reconnaître le droit de son frère pour quatre huitièmes sans compromettre les droits du mineur! Et qu'importait aux intérêts de ce dernier le sort des portions qui se trouvaient en dehors de la sienne? et s'il ne voulait pas supporter sa part dans un acte de justice, que lui importait qu'au moment de la licitation les droits de madame Roger devinssent la garantie des reconnaissances qu'elle avait données? Dans l'impossibilité de nier le pouvoir dans la personne de madame Roger, on disserte sur des mots. L'acte de déclaration du 11 juin 1822 ne renferme pas, dit-on, cession expresse. C'est une simple attestation. Eh! sans doute, le mandataire qui déclare le nom du propriétaire véritable, constate seulement un fait préexistant. Il ne cède pas le bien, à proprement parler; il cède sa place à celui dont il a été momentanément le prête-nom.

J'ai acquis pour vous, j'ai payé avec vos deniers,

je suis resté propriétaire apparent, parce que vous l'avez voulu. Il vous convient aujourd'hui d'être nommé. Je rends hommage à la vérité, je reconnais vos droits et je me retire.

La propriété de M. de Bully relativement à sa sœur ne peut être l'objet d'aucune sérieuse controverse ; et depuis les consultations publiées par les pétitionnaires, une date si long-tems l'objet des doutes et des dénégations, se trouve à l'abri de toute critique. Ici nous devons copier le texte même de la première des consultations (page 7).

Les conseils de M. de Bully se retranchent à soutenir que la déclaration de 1822 ayant acquis date certaine par la légalisation de l'un des maires de Paris, par la transcription du 24 juillet à la direction des contributions, et par son dépôt à la chambre des députés, devait être considérée comme valable par les tribunaux, l'administration et par les électeurs. Nous reconnaissons que la date de cet acte, tant que la signature ne sera pas impugnée de faux, est certaine, et remonte à l'année 1822.

Le voilà donc terminé, ce procès sur la vérité de de la date, qui paraissait être le seul dont était menacé M. de Bully! Il est donc bien entendu que la déclaration de madame Roger remonte à six années. Quelle difficulté reste encore? La consultation va nous l'apprendre. Les contestations sur la date vont être remplacées par une attaque d'une telle nature, que pour conjurer les incrédulités, nous éprouvons le besoin de copier encore.

On lit page 9 : *Les signataires de la consultation (celle délibérée pour M. de Bully), ont raison quant à l'objet qu'ils ont discuté, la date de la déclaration; celle-ci est certaine et authentique, mais il n'en est pas de même de la signature, qui, n'ayant pas de caractère authentique, a pu être méconnue par les électeurs, et a dû l'être en conséquence par l'administration, parce que celle-ci ne doit pas réconnaître des droits publics non rigoureusement établis. Elle se rendrait complice de l'usurpation des droits civiques.*

Ainsi, la question sur la date est remplacée par les doutes dont on veut environner la signature.

Une distinction existe sans doute entre l'acte sous seing-privé et l'acte authentique. L'acte sous seing-privé se trouve paralysé par une simple dénégation. L'acte authentique ne peut être mis en doute que par une inscription de faux. Mais ce serait une grande erreur que de penser que l'acte sous seing-privé fût de sa nature destitué de toute autorité. La présomption d'innocence et de vérité qui plane sur toutes les actions humaines, imprime à l'acte sous seing-privé lui-même une puissance qui ne peut être effacée par une dénégation formelle. Si, sur une assignation ayant pour objet l'exécution d'un acte sous signature privée, le défenseur garde le silence, ou ne se présente pas pour reconnaître ou dénier sa signature, l'écrit est tenu pour reconnu (Art. 194 du *Code de procédure civile*), et l'on veut qu'en matière électorale et par le renversement de tous les principes, l'acte sous seing-privé soit placé sous une présomption d'imposture, que le nouveau propriétaire inscrit depuis plusieurs années en vertu d'un acte sous seing-privé, et sous les yeux de l'ancien possesseur, soit provisoirement considéré comme un faussaire, et que l'administration soit tenue de rejeter les actes sous seing-privé, par la raison que les tiers-électeurs peuvent contester des signatures que d'ailleurs ils ne contestent pas!

Oui. Un tiers-électeur peut contester, sans recourir à l'inscription de faux, la signature d'un acte sous seing-privé invoqué par un électeur, par un éligible ou par un élu. Mais, du moins, faut-il que la contestation soit élevée; et s'il est vrai que madame Roger n'a jamais réclamé contre les déclarations qu'elle a trois fois réitérées, et que couronne si bien le partage de janvier 1829; s'il est vrai encore que, dans aucune partie du département du Nord, ni dans aucune autre de cette terre de France, il ne s'est trouvé un tiers-électeur assez courageux pour révoquer en doute la signature de madame Roger, ne reste-t-il pas évident que cette signature est reconnue par cela seul qu'elle n'est pas contestée, et que les déclarations présentent tous les caractères de la certitude et de l'authenticité, quant à leur date , et quant à la main qui les a souscrites ?

Faut-il donc, depuis la loi du 2 juillet, fermer le Code civil? et ne sera-t-il plus désormais possible d'acquérir des droits immobiliers, ou de constater des droits acquis sur des immeubles que par des actes notariés? Que deviendra, dans l'hypothèse de la consultation que nous réfutons, cet article 1582, qui dit, en termes exprès, que la vente peut être faite par acte authentique ou par acte sous seing-privé? Les pactes de famille qui peuvent être sous seing-privé seront-ils aussi compris dans la proscription?

Dites que les actes sous seing-privé ne font foi contre les tiers qu'à compter du jour où ils ont acquis une date certaine, et dans l'espèce, vous reconnaîtrez la certitude de la date. Dites que si la signature est révoquée en doute, la vérification deviendra nécessaire ; et, dans l'hypothèse actuelle, la signature n'est ni contestée ni contestable. Mais ne déchirez pas les pages du Code civil, au nom de la loi du 2 juillet qui ne l'ordonne pas.

Les propriétaires nombreux dont les droits ne reposent que sur des actes sous seing-privé, ne sont heureusement pas destitués de leurs droits politiques. Il est peu probable qu'un ministre versé dans la connaissance du droit, et qui long-tems a exercé avec succès la profession d'avocat, ait pu poser en principe dans les instructions adressées à ses subordonnés , que les mutations ne pourraient plus s'opérer qu'en vertu d'actes notariés; ce serait arracher avec violence aux citoyens un moyen de transaction qu'ils tiennent de la loi civile, et qui est bien souvent le seul dont ils puissent faire usage. Nous faisons des vœux, dans l'intérêt même du ministre , pour que de pareilles instructions n'aient jamais existé. Il est trop évident que la mutation doit s'opérer sur le vu de l'acte qui transmet , ou qui constate la transmission antécédente , et que cet acte peut être indifféremment notarié ou sous seing-privé. Du reste , il ne paraît pas , si l'on en croit les accusations portées par des électeurs du Calvados contre M. de Montlivault , préfet de ce département , que les mutations relatives aux biens de Noyers et d'Ouistreham aient été l'objet d'aucune annulation.

Il faut au surplus remarquer que les mesures prises par l'autorité administrative à l'égard d'un député dont les pouvoirs ont été vérifiés , restent sans aucune influence sur sa position et sur ses droits politiques.

§ III.

Possession.

Il n'appartient qu'à l'autorité administrative de fixer la quotité de l'impôt dont chaque pro-

priété immobilière ou mobilière doit être grevée;
et ici le chiffre est fixé. Mais il n'appartient pas
aux répartiteurs des contributions de disposer
de nos droits politiques les plus précieux par des
erreurs qui pourraient n'être pas toujours invo-
lontaires. L'impôt peut et doit être compté à celui qui le doit et qui le paie ; c'est le texte même
de la Charte constitutionnelle, qui parle du dé-
biteur et non de l'inscrit. Si donc, deux person-
nes se réunissent sous le même toit et contribuent
dans des proportions déterminées à la formation
du mobilier, chacune d'elles pourra revendiquer
la cote mobilière dans une proportion correspon-
dante à celle de l'importance de son mobilier.
Comme, dans une pareille hypothèse, il est possible que cette proportion ne soit établie par aucun acte écrit, il faudra bien recourir à la noto-
riété publique, qui, dans l'espèce actuelle, ne peut
pas être raisonnablement contestée. Qu'importe
donc qu'en 1827 et même en 1828 M. de Bully fils
ait été seul inscrit, si d'ailleurs il est constant que le
mobilier de son père se trouve être dans une proportion au moins égale au sien. L'erreur de l'inscription prévaudra-t-elle sur la vérité démon-
trée?

Que répondent les signataires de la première
consultation ? Ils avouent que l'erreur peut être
rectifiée, mais ils n'en attribuent le droit qu'à l'autorité. Ainsi un élu est le véritable propriétaire

d'un impôt payé par lui, mais inscrit sous un autre nom : la preuve en est rapportée devant la chambre qui devra sacrifier toutefois sa conviction au droit exclusif dont on enrichit l'administration. C'est là ce que la chambre de 1824 n'a pas pensé ; c'est là ce que n'a pas pensé non plus la chambre de 1828. Il est très-vrai que le général Foy a été admis dans la séance du 26 mars 1824, parce qu'il payait 1,000 fr. de contributions directes et justifiait de la possession annale ; mais c'est à la séance du 25 qu'il faut se reporter pour apprendre que, dans sa possession annale, il comprenait sa cote mobilière pour une année, pendant laquelle il n'avait pas été inscrit et n'avait pas même payé l'impôt. C'est dans ce débat remarquable qu'il fut reconnu, comme le disait le général Foy lui-même, que les ministres n'avaient pas la possibilité d'anéantir les droits politiques d'un citoyen.

Dans l'affaire du général Partounaux, la chambre a entendu le rapport très-lumineux du général Higonnet, qui s'est particulièrement appuyé sur le précédent posé dans l'affaire du général Foy. Point de discussion, sans doute ; mais l'évidence a-t-elle perdu son autorité, précisément parce qu'elle est l'évidence ? Du reste, et quelle que soit la législation qui régisse les militaires, se présentait avec netteté, dans ces deux affaires, la question de savoir si la vérité, constatée devant la chambre , ne doit pas prévaloir sur les erreurs ou les omissions de l'autorité.

Des expressions que des consultations ne paraissaient pas comporter ne détermineront pas M. de Bully à de faciles représailles. Un homme qui plaçait une confiance sans limite dans sa sœur et dans son beau-frère, qui avaient aussi des droits à sa gratitude , n'a pas prononcé le mot de *contre-lettre ;* et aujourd'hui même , au milieu des agitations et des soins que lui causent des hommes qui veulent trouver en lui une victime expiatoire, il ne sait pas encore se reprocher un abandon qui n'a pas été trompé ; et s'il ne livre pas à la discussion quelques bribes de correspondance et de compte , pour se servir de l'expression de l'une des consultations , c'est que , relativement à la gestion de monsieur Roger, des documens relatifs à des comptes consommés depuis huit ans , et qui se faisaient habituellement de la main à la main, ont été détruits comme des papiers sans intérêt , et que , pour le tems postérieur, ce qui pourrait exister de renseignemens se trouvant destitué de toute autorité , ne pourrait pas , sans une espèce de folie, être livré aux critiques des pétitionnaires et de leurs conseils.

La cause de M. de Bully est dans les actes dont l'authenticité est désormais reconnue et qui l'ont investi à l'égard de tous ; elle est aussi dans sa bonne foi ; et du moins remportera-t-il de cette discussion la certitude de n'avoir pas essayé ,

comme les pétitionnaires, d'égarer l'opinion publique par une citation fausse et matériellement
controuvée. Les pétitionnaires sesont-ils justi-
fiés vis-à-vis de leurs conseils? Ont-ils essayé de
se justifier devant l'opinion publique? Non, leur
silence est un aveu!!!

Paris, ce 14 mars 1829.

DE BULLY,
Député du Nord.

HENNEQUIN,
Avocat.

PILLET AÎNÉ, IMPRIMEUR DU ROI, RUE DES GRANDS-AUGUSTINS, N° 7.